CATALOGUE

D'UNE COLLECTION

DE

BEAUX VITRAUX ANCIENS,

TABATIÈRES

ET

PORTRAITS HISTORIQUES

Rédigé par J. GAILLARD,

Provenant des Collections d'un ancien Fonctionnaire.

DONT LA VENTE AURA LIEU,

Le Lundi 30 et Mardi 31 Mars 1846, à une heure *très précise*,

A L'HOTEL DES COMMISSAIRES-PRISEURS,

PLACE DE LA BOURSE, N° 2,

PREMIER ÉTAGE, SALLE N° 2,

EXPOSITION PUBLIQUE

Le Dimanche 29 Mars, dans ladite salle, d'une heure à quatre heures.

CE CATALOGUE SE DISTRIBUE :

Chez Me JACQUIN, Commissaire-Priseur, 32, rue d'Enghien.
M. GAILLARD, 23, quai Malaquais.

PARIS
IMPRIMERIE ET LITHOGRAPHIE DE MAULDE ET RENOU,
RUE BAILLEUL, 9 ET 11.

1846

2925

CATALOGUE

D'UNE COLLECTION

DE

BEAUX VITRAUX ANCIENS,

TABATIÈRES

ET

PORTRAITS HISTORIQUES

Rédigé par J. GAILLARD.

Provenant des Collections d'un ancien Fonctionnaire.

SE COMPOSANT :

D'une suite de vingt-deux Vitraux anciens, de fabriques française et étrangère, des XVme, XVIme et XVIIme siècles, représentant des Blasons et Armoiries; des Allégories; des Sujets militaires, mythologiques et de sainteté; *des Tabatières en or* avec mosaïques, camées et miniatures; de Portraits historiques, dont *Mme de Maintenon, par Mignard; Turenne, par Du Guernier; Anne de Joyeuse. Gaston de France, Marie de Clèves, par Dumoutier; le duc et la duchesse d'Angoulême*, et autres. — *La Mort du duc de Berry, par Heim (de l'Institut)*; un Plat de Bernard Palissy; une ancienne Aumonière en perles fines. — Des Statuettes en biscuit de Sèvres, dont *le chancelier Daguesseau et le maréchal de Catinat, par De Joux. — Jean-Jacques Rousseau, terre cuite, par Pradier: une Erigone, par Duval: Sainte-Cécile et la Mort de Desaix, par J. DAVID.* — La Force, la Liberté, *par Charponnière; un Torse d'enfant antique en marbre*, Marbre du plus beau travail. — Quelques Objets antiques, dont *une Amulette rare*, et une suite de *Monnaies* et *Médailles antiques et modernes*,

DONT LA VENTE AURA LIEU,

Le Lundi 30 et Mardi 31 Mars 1846, à une heure *très précise*,

A L'HOTEL DES COMMISSAIRES-PRISEURS,

PLACE DE LA BOURSE, N° 2,

PREMIER ÉTAGE, SALLE N° 2,

Par le ministère de Me **JACQUIN**, Commissaire-Priseur,
n° 32, rue d'Enghien.

EXPOSITION PUBLIQUE

Le Dimanche 29 Mars, dans ladite salle, d'une heure à quatre heures.

CE CATALOGUE SE DISTRIBUE :

Chez Me JACQUIN, Commissaire-Priseur, 32, rue d'Enghien.
M. GAILLARD, 23, quai Malaquais.

PARIS. — 1846.

CONDITIONS DE LA VENTE.

Les acquéreurs paieront, en sus des adjudications, 5 centimes par franc, applicables aux frais.

CATALOGUE

DE

BEAUX VITRAUX,

Tabatières, Portraits historiques, etc.

1 — Trois tabatières, dont l'une en écaille avec un fixé, le cercle est en or. — Autre en jaspe sanguin. — Autre en porcelaine.

2 *Portrait de la princesse de Conti*. Miniature sur ivoire en mauvais état, dans un cadre médaillon, en argent de l'époque. — Plus un petit cadre renfermant un cliché de la médaille de Philibert de Lorme.

3 — Une petite pendule ou horloge du temps de *Henri III*, forme ronde, avec des ornements fleurdelysés et portant la date de 1579 ; autour sont gravés des sujets de chasse à l'ours et au cerf.

4 — Un bas-relief en bronze représentant *la Tentation*, sujet satyrique. — Plus une tabatière en écaille avec le portrait de Louis XVII. — Plus trois miniatures anciennes.

5 — Deux paires de pantoufles turques, dont l'une brodée or et argent, très fraiches.

6 — Une tabatière ancienne, en agate, forme carrée longue, à deux compartiments, garnie en bronze.

7 — Une garniture de boutons Louis XV, pour habit de chasse ou costume, gravés et émaillés avec des sujets finement re poussés et argentés au centre.

8 — Deux beaux médaillons ciselés sur écaille, dorés mat, et représentant l'un, *Henri IV*, l'autre *Sully*.

Ces deux médaillons qui paraissent de l'époque sont encadrés dans des cadres en bois noir.

8 *bis*. — Deux petits cadres carrés longs, contenant deux bouquets en ivoire sculpté, d'un travail très fin.

9 — Vue de l'Acropolis d'Athènes, peinture sur marbre d'un bel effet.

10 — Une très belle tabatière carrée en or massif, richement ciselée et guillochée, ornée à l'extérieur d'une belle mosaïque de Rome, représentant *un paysage orné de monuments et de figures, et signée A. D.*

11 — Une très belle tabatière mosaïque de Florence, pierres fines, forme octogone, monture très soignée en or, ciselé sur toutes les faces.

Cette boîte du plus beau travail est renfermée dans un écrin.

12 — Un très beau camée, sardoine onix à plusieurs couches. Tête d'Achille, le casque orné d'un griffon et de riches ornements, au dessus de la tête on lit : ΑΧΙΛΛΕΥΣ, dessous, le monogramme T. La pierre est orientale et à reflet chatoyant.

Ce camée, qui a 6 cent. de haut. sur 4 1/2 de larg., est monté sur une belle tabatière en écaille garnie en or intérieurement et à l'extérieur.

13 — Une tabatière en écaille (fracturée), le dessus est orné d'une belle peinture sur ivoire représentant un bouquet de fleurs, et signée *Brienne* 1827, le cercle est en or.

14 — *Grand et beau plat faïence de Bernard Palissy.* Forme ovale, représentant des reptiles, des coquillages et des feuilles de chêne.

Long. 58 cent., larg. 45.

15 — Un sac ou aumonière de forme très ancienne, brodé or et presque entièrement couvert d'ornements remplis de perles fines, quelques unes d'une bonne grosseur.

16 — Un portrait présumé être celui du *maréchal de Turenne*, magnifique peinture sur vélin *par le célèbre Du Guernier*, il est signé au dos : *Du Guernier fecit. 1654.* (*Voir la note sur Duguernier, Biographie Michaud.*)

16 *bis.* — Autre portrait peint sur cuivre ; *personnage du temps de Henri III.* Peinture très fine et d'une belle conservation.

17 — *Portrait d'Anne duc de Joyeuse.* Peinture très fine sur vélin, appliquée sur bois de mérisier, représentant ce personnage en riche costume, sur fond bleu entouré d'ornements et d'arabesques rehaussés d'or, et ces mots dans le bas : *Anne de Joieuse.*

Cette peinture est attribuée au célèbre peintre D. Dumoutier, et encadrée dans une bordure en bois doré et sculpté avec beaucoup de finesse.

18 — *Portrait de Gaston de France.* Peinture du même genre que la précédente et de la plus belle conservation, représentant un buste d'enfant avec un riche costume, les cheveux ornés de bijoux, dans les ornements peints sous le buste, on lit : *Gaston de France.*

Cadre en bois sculpté et doré, même grandeur que le précédent.

19 — *Portrait de Marie de Clèves, princesse de Condé.* Peinture du même faire que les précédentes, également de l'époque et parfaitement conservée ; le cadre est en tout semblable aux deux autres, et on lit dans les ornements du bas : *Marie de Clèves, princesse de Condé.*

Ces anciennes peintures, de petite dimension, se recommandent autant par la finesse de l'exécution que par l'authenticité de la ressemblance de personnages historiques d'une grande célébrité.

20 — Livre d'heure des chevaliers de l'ordre du Saint-Esprit, pour les offices du chapitre. Relié en veau doré et fleurdelysé. Plus le chapelet de l'ordre en ivoire.

Ces objets étaient envoyés à chaque chevalier avec le collier de l'ordre.

21 — Une peinture sur cuivre représentant un personnage du temps de Louis XIII avec un riche costume. Cette peinture, encadrée dans un cercle de fleurs ciselé, est encadrée dans un double cadre en bois doré de forme ancienne.

22 — *Portrait du duc d'Angoulême.* Buste à mi-corps, avec chapeau et habit militaire, uniforme d'officier-général.

Beau dessin par *Picot*, dans un cadre en bois doré, haut. 20 cent., larg. 15.

23 — *Portrait de madame la duchesse d'Angoulême à l'âge de 25 ans.* Miniature d'une très grande finesse et qui rappelle la touche d'Isabey. — Cadre d'ébène fleurdelysé en cuivre.

24 — *Portrait du marquis de Bruc, lieutenant-général, gouverneur de l'Artois en 1684.* Belle miniature de l'époque ; le général est représenté couvert d'une armure avec le grand cordon d'un ordre, un manteau sur l'épaule. Haut. 8 cent., larg. 6, cadre en bois noir.

25 — *Saint François.* Peinture vénitienne sur verre, de la plus grande finesse, elle est entourée d'un cadre en verroterie de Venise.

Cet objet, trés rare, est malheureusement fracturé.

26 — Portrait d'un jeune gentilhomme du temps de la fronde (1648-1653), peint sur vélin et présumé de *Petitot.*

27 — *Portrait du pape Innocent XI.* Buste à mi-corps, la main levée au dessus de la tête : *PAVS. INNOCENTIVS. DEN. XI.* Ancienne peinture dans un cadre en bois sculpté de forme gothique. Haut. 8 cent., larg. 6 cent.

28 — *Un très beau portrait de madame de Maintenon, peint par Mignard.* Cette peinture se recommande aux amateurs de

portraits historiques par la ressemblance et le fini du travail. Haut. 32 cent., larg. 25 cent.

Le cadre en bois sculpté et doré, est également de l'époque.

29 — Une petite miniature sur ivoire. Portrait de femme ressemblant à celui ci-dessus, mais d'un âge plus avancé.

Cadre ancien en bois sculpté et doré.

30 — Un tableau à l'huile sur toile, de 33 cent. de haut. sur 40 de larg., dans une bordure dorée, représentant *les derniers moments du duc de Berry, assassiné en sortant de l'Opéra.*

Ce tableau, intéressant par sa composition, son sujet, et la ressemblance du grand nombre de personnages historiques qui y sont figurés, tels que : *Louis XVIII, le comte d'Artois, le duc et la duchesse d'Angoulême, la duchesse de Berry, le médecin Bougon*, etc., est d'une très bonne exécution, il représente très fidèlement le lieu, la scène et les divers épisodes de cet instant dramatique.

Peint par Heim de l'Institut.

VITRAUX.

Tous ces vitraux composent une suite de panneaux de même grandeur, et sont montés dans des chassis en bois avec gonds, verroux et loquets pour adapter aux croisées, ils sont tous d'une dimension à peu près semblable. (Haut. 66 cent., larg. 44 cent.)

31 — Deux vitraux de fabrique française, *style du* XIXe *siècle*, représentant des trumeaux gothiques et une mousseline brodée ; ils sont de même dimension, et forment pendants.

32 — Un panneau de style français, *du* XVIe *siècle*, représentant un amour vainqueur.

Cette figure d'assez grande proportion est d'un bon dessin et exécutée avec soin.

33 — Même sujet en regard du précédent et formant pendant.

Ces deux vitraux seront vendus ensemble.

34 — Un vitrail suisse *du* XVIe *siècle*, représentant *des armoiries supportées par le pape Grégoire-le-Grand et l'évêque saint Gebhard*, dont le nom est dans l'auréole qui entoure sa tête ; on lit à l'exergue : *IOHANNES. MED. PONTIFEX. 1542.*

35 — Un beau vitrail de fabrique française, *style du* XVe *siècle*, représentant *saint Guillaume en pied, debout et armé, posé devant une riche tapisserie.*

Ce sujet très complet est rare.

36 — Un vitrail de fabrique française (XVIe *siècle*) : le médaillon du milieu représente *le retour de l'Enfant prodigue ;* autour des arabesques d'un style bachique.

37 — Un vitrail de fabrique française, portant la date de *1585.* Le panneau du milieu, peint en grisaille et d'un très beau dessin, représente *une allégorie paraissant avoir rapport au commerce et à la géographie.* Dans le compartiment du haut, un blason avec cette devise : *Souvent se dict en bacquchem;* dans celui du bas, un autre blason avec cette devise : *Assez en est Deprès, 1585.*

38 — Un vitrail français du XVe *siècle* composé *de trois anges dans des attitudes variées.*

39 — Vitrail de fabrique française en trois compartiments; le premier est composé d'une rosace représentant *saint Marc,* (*travail du* XVe *siècle*) celui du milieu, (*style du* XVIIe *siècle*) représente *la prise de Troyes et Enée fuyant avec sa famille;* au bas, *un fleuron.*

40 — Un vitrail suisse du plus bel effet et d'une très grande finesse, portant la date de *1678,* représentant deux blasons d'un style original; le compartiment du haut offre des détails curieux sur *les opérations d'un siége à cette époque.*

41 — Un vitrail de fabrique française, (XVIIe *siècle*) représentant dans le compartiment du haut les armoiries *du chancelier Seguier* (1) accolées à un autre écusson qui est probablement de la même famille; dans celui du bas, celles d'un cardinal.

Ces deux sujets sont intéressants par leur valeur historique et la finesse de l'exécution.

42 — Un vitrail de fabrique française, (XVIe *siècle*) représentant *Loth et ses filles fuyant de Sodome.*

43 — Un vitrail français portant la date de *1630,* et représentant un blason d'armoiries et deux génies de la musique, entourés d'arabesques.

44 — Un vitrail suisse sans date, mais du XVIe *siècle,* sujet carré représentant dans le haut, *le roi David et Berthzabée;* au milieu, *Apelles et le Savetier;* composition fort originale à cause de la bizarrerie des costumes. Dans le bas, un médaillon ovale, des amours et *le festin de David.*

(1) La maison de Seguier porte pour armes : *d'azur, au chevron d'or, accompagné en chef de deux étoiles de même, et en pointe d'un mouton d'argent passant ; voyez La Chenaye-Desbois, dictionnaire de la noblesse, tome* XII, *page 530.*

45 — Vitrail suisse portant la date de *1632*, et quatre pennons d'armoiries d'un travail très fin et d'un riche effet, avec ces mots sous chaque écusson :

1° *Philips Jacob Haffner von Wassenheim.*
2° *Philips Heinrch von Müllenheim.*
3° *Hans Michel von Rantsam hausen.*
4° *Wolf Wilhelm von Andelaw.* (1)

46 — Vitrail du style français en deux compartiments ovales (XVIIe *siècle*) : le supérieur, d'un beau dessin, représente *le Christ dans sa gloire;* l'inférieur, *saint Louis en pied et en costume royal;* dans le fond, *la ville de Carthage.*

Ce beau vitrail est d'un effet magnifique.

47 — Un vitrail de fabrique française (XVIe *siècle*, pour la bordure, XVIIe *siècle* pour le panneau) représentant *notre Seigneur tenté par le diable, entouré de saint Antoine, sainte Barbe, saint Augustin et saint Dominique*, et d'autres attributs variés.

Les amateurs auront dans ce seul panneau divers échantillons de fabrique de différents âges.

48 — Un vitrail de fabrique française de la fin du XVIe *siècle*, formé de deux blasons dont un très riche et de famille ducale, entouré de divers génies et attributs (2).

49 — Un vitrail suisse portant la date de *1605*, représentant *une vaste salle de festin avec un grand nombre de convives, vêtus d'une manière pittoresque;* dans le haut, *un tournois et des armoiries;* dans le bas, *de riches armoiries*, qui paraissent être *du canton de Berne.*

50 — Vitrail suisse en trois parties; le compartiment du milieu représente *la sainte Vierge, sainte Élisabeth et saint Sébastien*, et la date de *1554*. Le compartiment du haut offre *un sujet champêtre*, et celui du bas *des armoiries accompagnées de saint Laurent et saint Etienne.*

Ce morceau capital est d'une grande finesse d'exécution et d'un coloris très riche.

(1) *F. J. d'Andelau*, gentilhomme, conseiller au présidial de la noblesse de la Basse-Alsace, porte *d'or*, à *une croix de gueules. J. Conrad d'Andelau*, porte de même. *Voyez l'Armorial manuscrit de France, Alsace, pages* 22 *et* 23. *Bibliothèque royale, département des manuscrits.*

(2) *Ces armoiries doivent être celles de Pierre du Cambout, duc de Coislin, pair de France, comte de Crécy, etc. Voyez le Père Anselme, tome* IV, *pages* 797 *et* 806.

51 — Un vitrail de fabrique française, représentant le *blason d'une femme de famille illustre, entouré de lions passant.*

52 — *Erigone.* Terre cuite d'un très beau travail, *par Duval. Lyon 1801.*

53 — LE MARÉCHAL DE CATINAT. Biscuit de Sèvres. Statuette en pied du maréchal tenant une épée de la main droite, et de la gauche un rouleau de papier déployé, sur lequel est écrit : *plan des plaines de la Marsaille.* Haut. 44 cent., (par de Joulx.)

Ce beau morceau est le pendant du précédent, et porte sur la base la marque de Sèvres.

54 — LE CHANCELIER DAGUESSEAU. Biscuit de Sèvres. Statuette en pied de ce personnage en grand costume, PAR DE JOULX. Haut. 44 cent. (La main droite manque, mais on peut très facilement le restaurer.)

Sur la base est l'ancienne marque de Sèvres.

55 — JEAN-JACQUES ROUSSEAU. Terre cuite, *par Pradier*, représentant Rousseau assis, dans l'attitude de la méditation, tenant une plume à la main; près de lui des papiers sur lesquels on lit : *contrat social. Haut. 23 cent. non compris le socle.*

Cette statuette d'un très beau travail, est l'esquisse de la statue qui fut commandée à M. Pradier, par la ville de Genève et qui est maintenant dans cette ville.

56 — *Un torse d'enfant.* Marbre antique du plus beau travail, trouvé à Arles. Haut. 50 cent.

Ce beau fragment de la plus belle époque de l'art antique est d'une antiquité incontestable et d'un travail admirable.

57 — MARIE DE MÉDICIS. Statuette en pied avec un très riche costume, plâtre. Haut. 50 cent.

Il porte, sur la base le timbre fleurdelisé du Musée royal.

58 — *Hercule Farnèse.* Bronze florentin sur socle en marqueterie.

59 — LA MORT DE DESAIX. Esquisse en terre cuite, *par David.* Le général est mourant dans les bras d'un soldat, qui a le pied posé sur un canon. *Haut. 29 cent.*

60 — SAINTE CÉCILE. Terre cuite, esquisse *par David,* elle tient une harpe de la main gauche, et de la droite une petite croix qu'elle appuie sur sa poitrine. Signé *P.-J. DAVID.*

61 — Un statuette ancienne, elle tient un vase de la main gauche, la droite appuyée sur une ancre. Haut. 30 cent.

La tête a été refaite.

62 — La Liberté. Statuette en pied avec le bonnet phrygien ; elle tient un drapeau de la main droite, la gauche appuyée sur un poignard, et foule aux pieds un serpent.

Plâtre. *Esquisse par Charponnière.* Haut., 30 cent.

63 — La Force. Statuette en pied : la main gauche appuyée sur le faisceau révolutionnaire, la tête couverte de la peau du lion.

Plâtre. *Esquisse par Charponnière.* Haut., 30 cent.

64 — L'Amour filial. Il tient un flambeau ; près de lui est un autel. Haut., environ 48 cent.

65 — Epaminondas. Il est représenté nu, agenouillé, et retirant un glaive qui lui traverse la poitrine.

Esquisse en plâtre. Haut., 27 cent.

66 — La Renommée. Statuette en pied ; hauteur, 50 centimètres. On lit sur la base : *Ce modèle a été fait d'après celui colossal de 27 pieds de proportion, par Claude de Joulx Rquanus faciebat à Paris. Anno VI. D. I. R. F.*

67 — Mars. Il est représenté nu et debout, ôtant un poignard du fourreau ; derrière lui, un bouclier sur lequel est un hyppocampe. *Par de Joulx.* Haut., 55 cent.

68 — Un petit bas-relief en marbre blanc, d'un travail très fin, représentant une tête de Méduse. Cadre noir. — Plus, un bas-relief des trois Grâces. Plâtre surmoulé. Encadré.

69 — Une miniature sur ivoire, représentant M. Bruyère, peint par lui-même. Cadre en bois doré. (Provient de sa vente) — Plus, une miniature sur ivoire (offrande à l'Amour), encadrée dans un couvercle de tabatière.

70 — Une tabatière Louis XV, en bronze doré, gravée et guillochée. — Plus, un flacon en agate.

71 — Une boîte dite Nécessaire, en palissandre, incrustée or à l'extérieur, et garnie à l'intérieur d'objets en argent.

72 — Six manches de couteaux en agate, à pans. — Plus, une cassolette russe. — Deux mosaïques de Rome et de Florence.

73 — Une boîte en purpurine, forme carrée longue. — Une miniature ancienne. — Plus, un flacon en cornaline.

74 — Un petit nécessaire garni en argent. — Plus, deux flacons verre de Venise.

75 — Un lot considérable de divers objets, tels que mosaïques, camées de Rome et en pierres du Vésuve ; miniatures anciennes, etc., etc.

76 — Un très grand nombre d'empreintes, en plâtre, de sceaux du moyen âge, de rois, princes, barons, prélats, villes et communautés, avec l'explication derrière chaque pièce.

77 — Un petit tableau ancien, peint sur bois, représentant un combat à la lance entre deux personnages couverts d'armures.

OBJETS ANTIQUES.

78 — Hachette gauloise, creuse et munie d'un anneau. Long., 13 cent.

79 — Mercure. Petite statuette en bronze, patine verte. Haut., 7 cent.

80 — Singe accroupi. Bronze sur une base, patine. Haut., 7 cent.

81 — Un sphinx. Très petit bronze, belle patine. Long., 2 cent. 1/2; haut., 2 cent.

82. — Amulette en basalte noir ou serpentine, représentant un groupe de figurines adossées, portant des inscriptions en caractères grecs, attribués aux chrétiens gnostiques de la secte des Basilidiques (IVe siècle). Sur l'une des figurines on lit EAYCEO (peut-être le nom du prophète Elisée). Les autres inscriptions sont Σ. Γ. O. N. ΠΔ. ΓΕVI.

83 — Une clef en fer, forme rare. Long., 8 cent. — Plus, un oiseau sur une base, très petit module en bronze. Haut., 5 cent.

84 Deux objets antiques, en bronze : une tête de cheval très en en saillie, et un style.

85 — Une fibule romaine en bronze, très intacte. Haut., 6 cent. 1/2; larg., 4 cent.

86 — Autre fibule antique, de très grande dimension. Long., 14 cent.

87 — Deux autres fibules antiques, formes variées, dont l'une avec une chaîne. — Plus une petite figurine en bronze, dont le bras est cassé.

88 — Trois autres objets antiques. — Plus un bout de flèche gauloise en silex. — Plus un lot de fragments d'antiquités.

89 — Six médailles de *Mansart*, *Rotrou*, *Mignard*, *de Thou*, *Mezeray* et *Rameau*.

90 — Neuf médailles des papes *Urbain VIII*, *Sixte V*, *Innocent X*, *Paul V*, *Innocent XI*, *Clément XII*, *Benoit XIV*, *Alexandre VII*.

90 bis. — Un écu de six livres de Louis XVI - *1792*; type constitutionnel avec la légende sur la tranche : *la nation, la loi et le roi*, très en relief. — Conservation parfaite. — Plus un demi-louis d'or de Louis XIII. — *1642*.

91 — Un lot de seize médailles étrangères et autres.

92 — Dix médailles de la Restauration, dont la prise d'Alger, la mort du duc de Berry, etc.

93 — Un lot considérable de monnaies étrangères, en cuivre.

94 — Un lot de monnaies françaises, royales et baronnales.

95 — Un lot très considérable de clichés en étain (épreuves d'artiste), des médailles de la restauration et de l'empire.

96 — Une quantité de jetons français et étrangers de différentes époques.

97 — Plusieurs lots de monnaies françaises et étrangères en argent.

Médailles antiques.

ESPAGNE. — LUSITANIE.

98 — *Emerita.* Tête d'Auguste. R. Nom de *Publius Carisius*, lieutenant d'Auguste. M. br. *B. C.*

BÉTIQUE.

99 — *Ilipa.* Épi. R. Gros poisson, au dessus un croissant; lég. *ILIPENSE*, entre deux lignes, g. B. *B. C.*

100 — *Carteia.* Tête tourrelée, devant, *CARTEIA.* R. Neptune debout.—Autre. R. une rame, *VIR. CARTEIA.* Trois pièces g. et m. br.

101 — *Urso.* Tête de chef espagnol, devant une main. R. Animal fantastique; dans le champ, un astre. M. br. *B. C.*

102 — *Obulco.* Tête de Vénus; devant, *OBVLCO.* R. Nom de deux édiles, *L. AEMILIVS* et *M. JVNIVS*, entre une charrue et un épi. — *Autre*, R. taureau passant, au dessus, un croissant. *M. br., quatre pièces.*

103 — *Helmantica.* Tête de chef imberbe. R. Cavalier au galop; lég. celtibérienne, petit module, argent.

104 — *Malaca.* Tête de Vulcain. R. Tête variée. *M. br.*

105 — *Irippo.* Tête imberbe diadémée. R. Femme assise. *M. br., deux pièces.*

106 — *Sexti.* Tête d'Hercule. R. Légende phénicienne entre deux thons et sur une tablette. M. br. *B. C.*

107 — *Gades.* Tête d'Hercule recouverte de la peau du Lion. R. Deux thons, inscription phénicienne. *Br., deux pièces.* *Autre.* Tête de face. R. Thon entre deux lignes phéniciennes. *Petit br., B. C.*

TARRAGONAISE.

108 — *Emporium.* Tête de Pallas. R. Pégase; dessous, *EMPO.* M. br.

GAULE LYONNAISE.

109 — *Remo.* Têtes accolées des triumvirs. R. Char; dessous, *EEMO.*
Turonnos. Tête casquée; devant, *tog.* R. Lion pas^cant. (*Potin*).
Deux autres, dont l'une avec un sanglier sous un bige.

Médailles grecques.

110 — *Hyrium.* Tête de Pallas à gauche. R. ANIQY. Taureau à face humaine, debout, argent mod. 6. *B. C.*
111 — *Athènes.* Tête de Pallas. R. AΘE. Chouette; argent, mod. 6.
112 — *Tarente.* Cavalier au galop. R. ΤΑΡΑΣ. Taras sur un dauphin, derrière un tête de femme; argent, mod. 5. *B. C.*
113 — *Hyeron II.* Tête diadémée. R. Cavalier armée d'une lance: dessous, ΙΕΡΩΝΟΣ. Æ., mod. 7. B. C.
114 — *Alexandre le Grand.* Tête d'Hercule. R. ΑΛΕΞΑΝΔΡΟΥ. Jupiter-Ætophore assis; argent, mod. 6.
115 — Quatre médailles grecques, dont : *Rhegium, Neopolis* et *Ptolémée.*
116 — Huit médailles grecques, variées, en bronze.
117 — Quinze médailles grecques, variées, en bronze.

Médailles romaines.

118 — *As.* — Pétoncle. R. Proue; au-dessus la marque *I.* — Autre de la famille *Saufeia. L. SAVF.* Proue. *B. C.* M. br. trois autres pièces variées; même module.
119 *Uncia.* Tête de Rome à gauche et un point. R. Proue et un point. Cinq pièces variées.
120 — Trois deniers d'argent des familles. — *Accoleia, Allia, Antonia.*
121 — Huit autres. — *Æmilia*, cinq pièces. — *Cassia*, deux pièces. — *Clovia*, un moyen bronze.
122 — Sept autres. — *Calpurnia*, deux pièces. — *Claudia*, deux pièces, et *Cornélia*, trois pièces.
123 — Huit autres. — *Domitia*, une pièce. — *Fonteia*, quatre pièces. — *Fabia*, deux pièces. — *Farsuleia*, une pièce.
124 — Sept autres. — *Furia*, une pièce. — *Hosidia*, deux pièces. — *Julia*, une pièce. — *Junia*, trois pièces, dont Brutus et les licteurs.
125 — Six autres. — *Licinia*, une pièce. — *Livineia*, une pièce, tête de Régulus. — *Memmia*, quatre pièces.

126 — Cinq autres. — *Nævia*, une pièce. — *Norbana*, deux pièces. — *Postumia*, deux pièces.

127 — Cinq autres. — *Quinctia*, une pièce. — *Rubria*, une pièce. — *Roscia*, deux pièces. — *Rustia*, une pièce.

128 — Trois autres. — *Satriena*, une pièce. — *Sulpicia*, une pièce. — *Tituria*, une pièce.

129 — Quatre autres. — *Valeria*, trois pièces. — *Une incertaine*.

130 — Douze autres deniers d'argent variés.

131 — Quatorze autres deniers d'argent.

132 — *Jules-César*. — Un denier d'argent. — Deux moyens bronzes.

133 — *Marc-Antoine*. — Un denier d'argent. R. Tête d'Octave. Deux autres, légions 3 et 20.

134 — *Auguste*. — Cinq deniers d'argent variés. — 3 grands br., 7 moy. br.

135 — *Livie*. — Trois moyens bronzes.

136 — *Tibère*. — Quatre deniers d'argent. — Cinq moyens bronzes.

137 — *Drusus junior*. — Un moyen bronze. *Antonia*. — Un moyen bronze.

138 — *Germanicus*. — Trois moyens bronzes.

139 — *Caligula*. — Un grand bronze. — Un moyen bronze.

140 — *Claude Ier*. — Uu denier d'argent. — Quatre moyens bronzes.

141 — *Néron*. — Un denier d'argent. — Six grands et moyens bronzes.

142 — *Galba*. — Un denier d'argent. — Un grand et moyen bronze.

143 — *Othon*. — Deux deniers d'argent. R. *Securitas*.

144 — *Vitellius*. — Trois deniers d'argent. R. *Pont maxim*.

145 — *Vespasien*. — Quatre deniers d'argent variés. — Un gr. br., sept m. br.

146 — *Titus*. — Un denier d'argent.

147 — *Domitien*. — Cinq deniers d'argent variés. — Un gr. br., six m. br. et un petit bronze.

148 — *Nerva*. — Quatre deniers d'argent. — Un grand br. — Un moy. bronze.

149 — *Trajan*. — Sept deniers d'argent. — Trois g. br. — Six moyens bronzes.

150 — *Hadrien*. — Six deniers d'argent variés. — Quatre g. br. — Trois m. bronzes.

151 — *Sabine.* — Deux grands bronzes. — Deux moy. bronzes.

152 — *Aëlius-Cesar.* — Un denier d'argent. R. La concorde assise.

153 — *Antonin.* — Quatre deniers d'argent. — Neuf g. br. — Quatre m. b.

154 — *Faustine,* mère. — Cinq deniers d'argent variés. — Trois g. br. — Deux m. br.

155 — *Marc-Aurèle.* — Deux deniers d'argent. — Huit g. br. — Quatre m. br.

156 — *Faustine, jeune.* — Trois deniers d'argent. — Cinq g. br. — Deux m. br.

157 — *Lucius-Vérus.* — Qutre grands bronzes. — Deux moyens bronzes.

158 — *Lucile.* — Quatre grands bronzes.

159 — *Commode.* — Cinq grands bronzes. — Deux moyens bronzes.

160 — *Crispine.* — Trois g. bronzes. — Un moyen bronze.

161 — *Albin.* — Un denier d'argent. R. *felicitas cos* II.

162 — *Septime-Sévère.* — Cinq deniers d'argent. — Un quinaire.

163 — *Julia Domna.* — Trois deniers d'argent. — Un petit bronze.

164 — *Caracalla.* — Un denier d'argent. — Deux grands br. — Un p. br.

165 — *Diadumenien.* — Un denier d'argent. R. *Spes publica.*

166 — *Heliogabale.* — Trois deniers d'argent.

167 — *Julia-Paula.* — Un denier d'argent. — R. *Concordia.*

168 — *Julia-Sœmias.* — Un denier d'argent.

169 — *Julia-Maesa.* — Deux deniers d'argent.

170 — *Alexandre-Sévère.* — Un petit bronze. — R. *Providentia.* Quatre grands bronzes. — Deux moyens bronzes.

171 — *Julia-Mamaea.* — Deux deniers. — Un gr. br. — Un moyen bronze.

172 — *Maximin* Ier. — Un denier. — Trois grands bronzes.

173 — *Gordien III.* — Un denier d'argent. — Quatre grands bronzes.

174 — *Philippe, père.* — Quatre deniers d'argent.

175 — *Otacilia-Severa.* — Quatre deniers d'argent. — Deux grands bronzes.

176 — *Philippe, fils.* — Deux grands bronzes.

177 — *Trajan-Dèce.* — Deux deniers d'argent.

178 — *Herennius-Etruscus.* — Un denier d'argent.

179 — *Hostilien.* — Un denier d'argent. R. Mars passant.

180 — Sept deniers dont un *trébonnien.* — Un *volusien.* — Deux *valérien*, trois *gallien* et six petits bronzes.

181 — Quinze pièces dont *salonine*, *salonin* et *postume.*

182 — *Marius.* — Quatre petits bronzes. R. Victoire passant.

183 — Vingt petits bronzes, dont *Victorin*, *Claude*, *Quintille*, *Aurélien.*

184 — Vingt-cinq petits bronzes, dont les *Tetricus*, *Tacite* et *Probus.*

185 — Huit petits bronzes, dont *Carus*, *Numérien* et *Carin.*

186 — Vingt-quatre petits bronzes, dont *Dioclétien* et *Maximien.*

187 — *Maximien-Hercules.* — Un quinaire d'argent, tête laurée à gauche. R. *Virtus militum.*

188 — Douze petits bronzes, dont *Constance-Chlore*, *Hélène*, *Sévère* II, *Maximin Daza* et *Licinius.*

189 — Ving petits bronzes, dont *Constantin-le-Grand*, *Fausta* et *Crispus.*

190 — Vingt petits bronzes, dont *Constantin II*, *Constans Ier*, *Constance*, *Magnence*, *Décence* et *Julien-l'Apostat.*

191 — Douze petits bronzes, dont *Valentinien*, *Valens*, *Gratien*, *Théodose-le-Grand*, *Magnus-Maximus*, *Honorius* et *Léon VI.*

192 — Dix médailles fausses, dont *Cléopâtre*, *Didia-Clara*, *Plotine*, *Caligula*, *Macrin*, *Claude*, *Balbin.*

193 — Six médailles fausses, dont *Dide-Julien*, *Diadumènien*, *Pupien*, *Balbin*, etc.

194 — Neuf belles médailles fausses, dont *Auguste*, *Macrin*, *Galba*, *Diadumenien*, *Plotine*, *Gordien d'Afrique*, etc.

195 — Sept pièces fausses, dont *Manlia-Scantilla*, *Mariniana*, *Paula*, *Orbiana*, *Othon*, *Diadumenien*, *Aemilien*, etc.

196 — Vingt-quatre médailles fausses avec des variétés.

197 — Neuf monnaies *turques*, *arabes* ou des *Califes.* — Plus deux fanams de Pondichéry.

198 — *Louis XII.* Teston frappé en cuivre (moderne), plus deux petites médailles modernes. *20 mars 1815.* — *mars 1815.*

199 — Onze monnaies et bracteactes étrangères.

200 — Quatorze monnaies royales et baronnales.

201 — Dix monnaies des comtes de Provence et évêques de Strasbourg.

202 — Deux cents grands, moyens, et petits bronzes romains.

202. Imprimerie Marlot et Renou, rue Bailleul, 9 et 11.

www.ingramcontent.com/pod-product-compliance
Lightning Source LLC
LaVergne TN
LVHW052039160826
845678LV00003B/1426

* 9 7 8 2 3 2 9 6 2 2 3 0 9 *